Preface

Mottainai is the thoughtful Japanese word to think about our gifts that come from nature or the persons who make our products. The words that best describe what *Mottainai* are, "What a waste!" and "Do not waste!". It refers to a situation in which something of value is being wasted or used without careful consideration.

One day I was asked by my son, "What do you mean by *Mottainai*?" I wondered how can I explain this word? There are some Japanese words that cannot be translated into English and *Mottainai* is one of them. As a matter of fact it is difficult to explain even in Japanese. That is why I started to think about making this picture book.

Living in a rich material world like Japan, where food and products are fully supplied, it is very hard to find situations in which children can understand the meaning of this word.

For me "*Mottainai*" contains a sense of respect. If we could respect each other and the resources that we make use of, the world would be at peace.

Mottainai Grandma has these messages for us: "If we have a sharing mindset instead of only providing for ourselves, we can also make a peaceful world," and, "All lives are interconnected and each one is precious."

I hope that children will have a concrete and clear image of the meaning of *Mottainai* after reading this book. They contain wisdom and interesting ideas which should help them to better understand what *Mottainai* really means in their everyday life.

It is fun to learn about *Mottainai* situations with love and compassion. This will make us conscious of the values that various things have.

Mariko Shinju

भूमिका

मोत्ताइनाइ एक ऐसा जापानी शब्द है, जो प्रकृति के दिए उपहारों या वे लोग, जो हमारे इस्तेमाल की चीजें बनाते हैं, उनके प्रति संवेदना के साथ विचार करता है। अंग्रेजी में मोत्ताइनाइ को समझना हो तो इसे 'वेस्ट' यानी बर्बाद के अभिप्राय और कुछ भी 'वेस्ट' न करने के संदेश के रूप में समझा जा सकता है। यह उस परिस्थिति की ओर भी संकेत है, जिसमें हमने अपने कई मूल्यों को या तो तिरोहित हो जाने दिया है या फिर उनका हम काफी असावधानी से पालन करते हैं।

एक दिन मेरे बेटे ने मुझसे पूछा, ''आप मोत्ताइनाइ से क्या समझती हैं?''

हम इस शब्द की व्याख्या कैसे कर सकते हैं?

कुछ जापानी शब्द ऐसे हैं, जिसे अंग्रेजी में अनुवादित नहीं किया जा सकता है। *मोत्ताइनाइ* ऐसा ही एक शब्द है। यहाँ तक कि इस शब्द की व्याख्या तो जापानी में भी बहुत आसानी से नहीं हो सकती है। इसी वजह से मैंने इस सचित्र पुस्तक के बारे में विचार करना शुरू किया।

जापान जैसी एक समृद्ध भौतिकवादी दुनिया में, जहाँ अनाज और दूसरे उत्पादों की आपूर्ति भरपूर है, बच्चों के लिए इस शब्द का अर्थ समझ पाना बहुत मुश्किल है।

मेरे लिए *मोत्ताइनाइ* शब्द में सम्मान देने के भाव को काफी अहमियत दी गई है। एक-दूसरे के प्रति सम्मान प्रकट करने और जिन संसाधनों का हम उपयोग करते हैं उसकी महत्ता समझने से ही विश्व में शांति आ सकती है।

मोत्ताइनाइ दादी माँ का हम सबके लिए संदेश है–'अगर हमारे अंदर सिर्फ अपने बारे में सोचने के बजाय सहयोग और समन्वय की साझी समझ है तो हम शांतिपूर्ण विश्व का निर्माण कर सकते हैं' और 'सभी जीवों का जीवन न सिर्फ एक-दूसरे से आंतरिक रूप से जुड़ा है बल्कि इनमें से प्रत्येक जीव काफी महत्वपूर्ण है।'

मुझे उम्मीद है कि इस पुस्तक को पढ़ने के बाद बच्चे मोत्ताइनाइ शब्द के अर्थ और अभिप्राय को भलीभाँति समझ पायेंगे। पुस्तक को पढ़ने से उनके अंदर कई ऐसे विचार भी आएँगे, जिससे बच्चे अपने रोजमर्रा के जीवन में मोत्ताइनाइ शब्द के अर्थ को तलाश पाएँगे।

मोत्ताइनाइ स्थिति के बारे में प्रेम और करुणा के साथ जानना-समझना बेहद रोचक होगा। विभिन्न चीजों के मूल्यों के प्रति यह हमें सचेतन करेगा।

मारिको शिंज्यु

Mottainai Grandma

Original Japanese Text, Illustration
and English Translation
Mariko Shinju

मोत्ताइनाइ दादी माँ

मूल जापानी पाठ, चित्र
एवं अंग्रेजी अनुवादः **मारिको शिंज्यु**
अंग्रेजी से हिंदी अनुवादः **प्रेम प्रकाश**

Mottainai Grandma is coming!

मोत्ताइनाइ दादी माँ आ रही हैं!

nbt.india
एकः सूते सकलम्

राष्ट्रीय पुस्तक न्यास, भारत
NATIONAL BOOK TRUST, INDIA

Leftover food on the plate.
Last grains of rice stuck to the bowl.
She will come and say, “Mottainai!”

थाली में जूठा छोड़ दिया।
भात के आखिरी दाने कटोरे में चिपके पड़े हैं।
वह आएँगी और कहेंगी, ‘‘मोत्ताइनाइ!’’

“So much food left - Mottainai! May I eat?”

“काफी खाना बच गया है - मोत्ताइनाइ!
मैं खा लूँ?”

munch munch! gulp gulp!

गप्प-गप्प... ! चप्प-चप्प... !

"Oh, you have so much of rice grains stuck to your face. Mottainai!" And she licked my face all over.
"Yuck!" I shouted.
But she kept saying, "Mottainai! Let me lick more!"
lick lick lick!

''अरे, तुम्हारे चेहरे पर भी भात के बहुत-से दाने चिपके पड़े हैं, मोत्ताइनाइ!'' और यह कहते हुए उन्होंने मेरे चेहरे को चाटना शुरू कर दिया।
''छिः!'' मैं चिल्लाया।
लेकिन वे कहती रहीं, ''मोत्ताइनाइ! मुझे थोड़ा और चाटने दो!''
चपड़... चपड़...!

splash splash!
Leaving water running?
She will come and say, “Mottainai!”

छप... छप...!
पानी को बहता छोड़ दिया?
वह आएँगी और कहेंगी, ‘‘मोत्ताइनाइ!’’

"One cup of water is enough!
Don't waste it - Mottainai!"

''एक कप पानी भी काफी है!
इसे बर्बाद मत करो - मोत्ताइनाइ!''

Finally, I started to cry.
boohoo... boohoo...
"There again," she said.
"You're wasting your tears - Mottainai!"

अंत मे मैं रो पड़ा।
बू हू... बू हू... हू...
वह बोलीं, ''अब यह देखो।
तुम अपने आँसू बर्बाद कर रहे हो - मोत्ताइनाइ!''

Crumpled paper balls!
She will come and say, "Mottainai!"

मुचड़े हुए कागज के गेंद!
वह आएँगी और कहेंगी, ''मोत्ताइनाइ!''

"If you don't play with them anymore – Mottainai!
Unfold. Straighten. Stick them together."
snip snip! pat pat!

''यदि तुम्हें इनसे और नहीं खेलना है - मोत्ताइनाइ!
इन्हें ठीक करो और एक-दूसरे से चिपकाओ।
फिर देखो कि इनसे क्या बनता है!''
फड़-फड़...! ठक-ठक... !

"Look! A dinosaur suit!"

''देखो... डायनासोर की पोशाक!''

Shortened pencils lying unused?
She will come and say, "Mottainai!"

अगर वह छोटे पेंसिल के टुकड़ों को देख लेंगी
तो आकर कहेंगी, ''मोत्ताइनाइ!''

Red, orange, yellow, light green, green, blue and purple.
"Roll the seven pencils altogether. Guess what you get?"

लाल, नारंगी, पीला, हल्का हरा, हरा, नीला और बैंगनी।
''सात रंगों की पेंसिलों को एक साथ बाँधो।
सोचो कि इनसे क्या बनेगा!''

"Rainbow pencils!"
"Bingo!"

''इंद्रधनुषी पेंसिलें!''
''वाह!''

When I throw away mandarin peels,
she will come and say, “Mottainai!”

अगर मैं नारंगी के छिलके फेंक देता हूँ,
तो वे आकर कहती हैं, “मोत्ताइनाइ!”

"Dry them in the sun. Put them in the bathtub. Mandarin peels will make you feel so good!"

''इन छिलकों को धूप में सुखाओ। फिर इन्हें बाथटब में डालो। तब ये छिलके तुम्हें बहुत आनंद देंगे।''

"A warm and sunny mandarin bath!"

''वाह! क्या गुनगुना नारंगी स्नान है!''

"Now it's getting dark.
I will turn on the light."

''अब अँधेरा हो रहा है।
मैं बत्ती जला देता हूँ।''

click!

क्लिक!

"Ah! Mottainai! I'm going home now."
Saying so, Mottainai Grandma left for home.

''आह! मोत्ताइनाइ! मैं अब घर जा रही हूँ।''
यह कहकर मोत्ताइनाइ दादी माँ अपने घर चली गईं।

“During night leaving lights on! Mottainai!
When it gets dark, I go to bed.”

“अँधेरा होने पर बत्ती जलाना - मोत्ताइनाइ!
जब अँधेरा होने लगता है तो मैं सोने चली जाती हूँ।”

Mottainai
Mottainai
Are you sure you're not doing anything mottainai?

मोत्ताइनाइ
मोत्ताइनाइ
क्या आपको यकीन है कि आप कुछ भी मोत्ताइनाइ नहीं कर रहे हैं?

Mottainai was introduced at the United Nations as an eco-friendly word by Honorable Professor Wangari Maathai of Kenya, who received the Nobel Peace Prize in 2004.

केनिया की प्रोफेसर वैंगारी माथाई ने मोत्ताइनाइ को एक पर्यावरण हितैषी शब्द के रूप में संयुक्त राष्ट्र को परिचित कराया। प्रोफेसर माथाई को वर्ष 2004 का नोबेल शांति पुरस्कार मिल चुका है।

ISBN 978-81-237-8150-1

First NBT Edition 2018 (*Saka* 1939)

₹ 315.00

Published by the Director, National Book Trust, India
Nehru Bhawan, 5 Institutional Area, Phase-II
Vasant Kunj, New Delhi-110 070
Website: www.nbtindia.gov.in
Printed in India at: Gopsons Papers Ltd., NOIDA

ISBN 978-81-237-8150-1

पहला एनबीटी संस्करण : 2018 *(शक 1939)*

₹ 315.00

निदेशक, राष्ट्रीय पुस्तक न्यास, भारत
नेहरू भवन, 5 इंस्टीट्यूशनल एरिया, फेज-II
वसंत कुंज, नई दिल्ली-110070 द्वारा प्रकाशित
Website: www.nbtindia.gov.in
मुद्रकः गोपसंस पेपर्स लिमिटेड, नोयडा, भारत

Profile of Mariko Shinju

Author and illustrator of children's books

Mariko Shinju was born in Kobe, Japan. She graduated from Kobe College and then studied writing and illustrating picture books in Osaka and New York.

In 1998, Shinju's first picture book, *A Pumpkin Story*, (Greene Bark Press) was released in the United States, and translated into Japanese in 2000.

In 2004, Kodansha published the first of the Mottainai Grandma (Mottainai Baasan) books, and many prominent children's magazines and newspapers picked up the main character as a vehicle to promote an eco-friendly lifestyle.

In 2008, Shinju created "Mottanai Grandma's World Report Exhibition", which chronicled problems facing the Earth today and how children have become victims because of it. The exhibition toured Japan extensively with favorable reviews. Shinju is also active in promoting biodiversity.

मारिको शिंज्यु का परिचय

लेखक और बाल पुस्तकों की चित्रकार

मारिको शिंज्यु का जन्म कोबे, जापान में हुआ। उन्होंने कोबे कॉलेज से स्नातक की पढ़ाई पूरी की। इसके बाद ओसाका और न्यूयॉर्क में उन्होंने पढ़ाई के साथ लेखन और सचित्र पुस्तकों के इलस्ट्रेशन का कार्य शुरू किया। शिंज्यु की पहली सचित्र पुस्तक वर्ष 1998 में अमेरिका में 'ए पंपकिन स्टोरी' (ग्रीनी बार्क प्रेस) आई, जो वर्ष 2000 में जापानी भाषा में अनूदित हुई। वर्ष 2004 में कोदांशा ने मोत्ताइनाइ ग्रैंडमा (मोत्ताइनाइ बासान) सीरीज की पुस्तकें प्रकाशित कीं। बच्चों की कई लोकप्रिय पत्रिकाओं और अखबारों ने मोत्ताइनाइ ग्रैंडमा को एक ऐसे किरदार के रूप में स्वीकृति दी, जो पर्यावरण संरक्षण से जुड़ी जीवनशैली को बढ़ावा देने में मदद करता है।

सुश्री शिंज्यु ने वर्ष 2008 में मोत्ताइनाइ ग्रैंडमा'ज़ वर्ल्ड रिपोर्ट एक्ज़ीबिशन की शुरुआत की। इसका मकसद आज पृथ्वी पर किस तरह का पर्यावरण संकट है और इसका बच्चों पर क्या असर पड़ रहा है, इसका विस्तृत विवरण प्रस्तुत करना था। इस प्रदर्शनी को जापान में काफी दिखाया गया। वहाँ इसे काफी सराहना भी मिली। शिंज्यु जैव विविधता को बढ़ावा देने के कार्य में भी काफी सक्रिय हैं।

हिंदी अनुवादक

प्रेम प्रकाश एक वरिष्ठ लेखक और पत्रकार हैं। आप नई दिल्ली, भारत में रहते हैं।